Marseille
1675

La Croix, De

Les capitulations entre l'empereur de
France, et Mehemet quatrieme emper...

LES CAPITVLATIONS

ENTRE
L'EMPEREVR DE FRANCE,
ET
MEHEMET QVATRIEME
EMPEREVR DES TVRCS,

renouvellées le 5. Iuin 1673.

Par les soins de Monsieur LE MARQVIS DE NOINTEL, Ambassadeur pour Sa Majesté Tres-Chrestienne à la Porte Othomane.

A MARSEILLE,

Chez CHARLES BREBION, Imprimeur du Roy, de Monseigneur l'Evesque, & de la Ville.

M. DC. LXXV.
Avec permission.

DIEV.

LIEV DV SEING DV G.S.

VOICY ce qu'ordonne ce Noble Signe, dont la reputation est si grande, qui vient d'un lieu si relevé, & qui est vraiment Royal: Ce Signe lumineux par qui le Monde a esté conquis, qui est Imperial, & par lequel, avec le secours Divin, l'on vient à bout des grandes entreprises

MOY l'Empereur Mehemet par la grace Souveraine & infinie Majefté du grand Dieu, & par le merite de tous les Miracles qui ont efté faits par le Chef des Prophetes, fur lequel auſsi bien que fur les ſiens, ſoit la perfection des benedictions : Qui ſuis l'Empereur des plus puiſſants Empereurs, & l'appuy des grands Princes du Siecle : qui donne des Couronnes à des Roys du temps, leſquels ſont aſsis ſur des Thrônes du Monde ; qui ſuis le Serviteur des plus Auguſtes d'entre les Villes & Païs : A ſçavoir, les deux ſacrées & nobles Citez Mecque & Medine, qui ſont la demeure de la benediction & de la Foy : Qui ſuis le Protecteur & le Gouverneur de la ſainte Ieruſalem : Le Souverain de la Romelie, de Temiſvar de la

Bofnie , de Seketuar , de la Forte-
reffe imprenable d'Egra, des Païs de
l'Anatolie , de Caramanie , de l'A-
rabie , & generalement de tout le
Kurdiftan,& des Païs de Krim & pe-
tite Tartarie , de toutes les Ifles de
Rhodes , de Chipres , de Zulcader,
de Chereful, de Diarbeker, d'Alep
de Raca,de Kars, de Van, de Tchil-
dur , de l'agreable & beau Pays
d'Erzerum, de celuy de Syrie & Da-
mas , habitation de Pais , de Bagdad
Capitale des Califes, (ou Empereurs
fuccefleurs de Mahomet) & qui eft
le lieu du plaifir , de Koufa, de Baf-
fora , de Lehfa , de Suaken, au Païs
des Abifsins : des Païs de l'Egypte,
Illuftres pour leur Antiquité , des
lieux de guerre Alger , Tunis , La-
goulette, Tripoly d'Affrique, & autres ; mais particulierement de la

Ville de Conſtantinople , qui eſt
l'honneur des Roys , & eſt le lieu de
la ſeureté & de la protection , tous
Pays de guerre & de combats , leſquels ainſi que pluſieurs autres Villes , Provinces , Royaumes , & Ha-
bitations , & de puiſſants & riches
Thrônes dont je porte les Couronnes , ont eſté emportez , pris , & conquis par noſtre force & puiſſance
Imperiale & victorieuſe , ſecouruë
par le Dieu des Roys , & qui eſt leur
defenſeur ; & outre tout cela , Seigneur de la Mer blanche , & de la
Mer noire , & de pluſieurs autres
Regions , Iſles , Ports , Havres , & paſ-
ſages , Peuples , Nations , & Forte-
reſſes de grande reputation qui ſont
poſſedées par Moy , qui ſuis le ſoû-
tient de la Iuſtice , & le puiſſant &
victorieux Roy des Roys , Fils de

l'Empereur Ibrahim, qui eſtoit fils
de l'Empereur Ahmed, fils de l'Empereur Mehemet, fils de l'Empereur
Amurat, fils de l'Empereur Selim,
fils de l'Empereur Bajazet, fils de
l'Empereur Mehemet; leſquels par
la bonté parfaite & la grace du diſtributeur des Royaumes le grand
Dieu, (qui ſeul ſçait diſpoſer les
choſes du Monde, en les tirant de
la confuſion) ont eſté le Refuge des
Souverains des plus Illuſtres Familles, & les defenſeurs des Princes,
qui ont eu quelque eſtime à noſtre
Haute Porte, laquelle eſt le Centre
du bonheur.

A L'EMPEREVR DE FRANCE LOVIS,
qui eſt le plus glorifié entre les
grands Princes de Ieſus, & qui a
eſté eſlu des Souverains qui profeſſent la Religion du Meſsie, pour

mediateur des affaires de toute la
Nation Chreſtienne, plein de Grandeur , de Gloire & de Majeſté , Poſ-
ſeſſeur des vrayes marques d'honneur & de Dignité , dont la fin & le
ſuccez des entrepriſes ſoient heureux.

CHARLES FRANÇOIS OLIER
Marquis de Nointel , le modelle
& l'appuy des Seigneurs Chreſtiens,
l'un des plus intelligens conſiderez
& eſtimez Gentilshommes de Sa
Majeſté , ſon Conſeiller d'Eſtat &
du Parlement de Paris , & preſen-
tement ſon Ambaſſadeur à noſtre
heureuſe Porte , auquel tout bonheur puiſſe arriver juſques à la fin de
ſes jours ; Nous a aporté de ſa part
une Lettre ſincere , pleine de cor-
dialité , & qui eſt la marque d'une
parfaite correſpondance , par la-

quelle Sa Majesté demande suivant
l'ancienne amitié la confirmation
des premieres Capitulations , qui
ont esté jusques à present observées,
& qui avoient esté reglées entre nos
Peres & Ayeuls de glorieuse memoire , & les Empereurs de France.
Et comme les termes de cette Lettre , ainsi qu'elle a esté conceuë ,
tendent à ce qu'il ne soit non plus
fait de tort ny de dommage aux
Ambassadeurs de Sa Majesté , ny à
ses Consuls , ny à ses Marchands ,
ny à ses Interpretes , ny à aucun
autre de ses Sujets , qu'il n'en a
esté fait par le passé ; mais au contraire , qu'ils joüissent tous, sous l'om-
bre de nostre parfaite Iustice , d'un
plein repos , & d'une entiere tran-
quilité d'esprit : Et que les Capitulations Imperiales qui ont esté ac-

cordées au temps de l'Empereur
Mehemet , heureux en sa vie , &
Martyr en sa mort , auquel Dieu
fasse pardon & miséricorde ; & que
celles qui furent ensuite renouvellées , & dont l'on nous a fait voir
le Traité Imperial qui fut consigné
durant le Regne de nostre Illustre
Ayeul l'Empereur Ahmet , à qui
Dieu vueille pardonner , soient aussi renouvellées. Nous à cause de
l'ancienne Vnion , de la parfaite
correspondance & de la sincere amitié de la France avec Nous , avons
accordé la demande du susdit Empereur , & nous consentons , que
quelques Articles soient adjoûtez
au susdit Traité , le confirmant & le
ratifiant ainsi que Sa Majesté l'a de-
siré ; & apres y avoir fait inserer
lesdits Articles , Nous avons fait

expedier, selon la forme ordinaire
de noftre Iuftice, cette Patente Imperiale, qui porte les marques de
noftre Grandeur.

ARTICLE PREMIER.

L'ON n'inquietera point les François qui
viendront en Ierufalem, & il ne leur fera fait
aucune peine, non plus qu'aux Religieux qui y
font dans l'Eglife du faint Sepulchre nommée
Coumamch.

I I.

ET afin qu'il n'y ait rien qui puiffe alterer
l'amitié que les Empereurs de France ont avec
noftre heureufe Porte, Nous permettons, que
les danrées qui eftoient deffenduës durant le
Regne de Sultan Selim, à qui Dieu veüille pardonner: A fçavoir le cotton non travaillé, les
cottons filez, & les marroquins, foient venduës
aux Marchands François, fuivant le commandement Imperial, qui en a efté fait en ce temps-là.
Et prefentement, à caufe de la fincere amitié que
leur Empereur a avec noftre heureufe Porte;
Nous voulons, que les marchandifes qui eftoient
défenduës du temps de nos autres Ayeuls, de
glorieufe memoire; A fçavoir, la cire & les cuirs,

leur foient delivrées pour leur argent : Et Nous ordonnons, que qui que ce foit ne l'empéche, & parce que cela a efté inferé dans leur Traité, Nous le confirmons en celuy-cy.

III.

COMME cy-devant l'on n'a point pris de droits des Marchands & autres Sujets de France pour les piaftres qu'ils ont apportées dans nos Eftats, dorefnavant auffi il n'en fera point exigé d'eux.

IV.

NOVS deffendons à nos Threforiers & Maiftres de nos Monnoyes, de faire ce tort aux François que de prendre les piaftres qu'ils apporteront, fous-pretexte de les convertir en monnoye du Païs.

V.

SI des François ayant monté fur quelque Vaiffeau des Ennemis de noftre Porte pour exercer la marchandife y font rencontrez, parce que ce feroit agir contre la Iuftice de les faire Efclaves, & de prendre leur dantées, fous-pretexte qu'ils feroient dans un Vaiffeau Ennemy; Nous défendons, pourveu qu'ils foient en l'eftat que doivent eftre des Marchands, & que le Vaiffeau où ils feront ne foit pas un Vaiffeau

Corfaire, ce qui les rendroit criminels, que l'on se faififfe de leur marchandife, ou que l'on faffe leur perfonne Efclave.

V I.

SI quelque François dans un Vaiffeau de fon Païs ayant chargé de vituailles fur les Terres de nos Ennemis, eft rencontré allant avec lefdites vituailles en autre Païs Ennemy, les Vaiffeaux de nos Sujets qui le trouveront ne prendront point fon Vaiffeau, ny ne le feront point Efclave, fous-pretexte qu'il porteroit des provifions à nos Ennemis.

V I I.

SI quelqu'un de nos Vaffaux ayant chargé des vituailles dans les Païs de noftre obeïffance, eft pris en Mer, les François qui fe trouveroient fur fon Vaiffeau & à fa folde ne feront point faits Efclaves.

V I I I.

LES François qui de bon droit auront acheté des vituailles, qu'ils auroient trouvées chargées fur quelques Vaiffeaux de nos Sujets, s'ils font rencontrez par des Vaiffeaux Othomans, pourveu qu'ils ne les aillent point porter en Païs Ennemy, mais au leur, l'on fe contentera de prendre lefdites vituailles, fans que l'on puiffe

D

se saisir de leur Vaisseau, ny faire Esclaves les gens, qui seront dans ledit Vaisseau : Et si par adventure il se trouve des François, qui ayent esté faits Esclaves de cette maniere, ils seront mis en liberté , & on restituera ce qui sera à eux.

I X.

POVR satisfaire à la volonté du susdit Empereur de France, Nous voulons, que les Marchands François, à quelque prix que l'on preigne la marchandise qu'ils auront apportée de leur Païs dans le nostre, ou qu'ils pourront enlever de nostre mesme Païs, ne soient sujets à payer de plus grands droits ou imposts, que ceux, que de toute ancienneté ils ont accoustumé de payer.

X.

SI un Marchand François estant en l'un de nos Ports, à dessein d'aller à quelqu'autre Eschelle, on ne luy fera payer les droits, que des marchandises qu'il aura déchargées pour vendre, & on ne l'empéchera point de porter sesdites marchandises en quelqu'autre Port ou Eschelle qu'il luy plairra.

X I.

L'ON n'exigera point des François le nouvel impost, nommé Kassabié ou Kassapelik, mis sur les chairs, ny celuy des cuirs qui est nommé Rest ; ny celuy des bufles nommé Bage;

ny celuy que l'on appelle Yasak-resmi estably
pour la Garde de nos Ports & Peages, & on ne
leur demandera point plus de trois cens aspres
(évaluées à trois écus) pour le Salametlifresmi
ou Droit de Bon-voyage.

X I I.

ET parce que les Vaisseaux de Cours d'Alger
allant dans les Ports de France, y sont receus avec
honneur, & qu'on leur y delivre les poudres,
le plomb, les voiles, & les autres Agrez dont
ils ont besoin ; & que nonobstant tout cela
ils ne laissent pas rencontrant les Marchands
François de les faire Esclaves, & de piller leurs
biens : Et comme ils ont esté souvent avertis
& reprimandez de ces sortes d'actions, dés-le-
temps de nos Ayeuls de glorieuse memoire, qu'ils
n'en ont point fait de cas, & ont toûjours commis de pareils excés, ausquels nous ne consentons aucunement : S'il y a quelques François qui
ayent esté faits Esclaves de cette maniere, Nous
ordonnons qu'ils soient mis en liberté, & qu'on
les délivre, sans retenir aucune chose de ce qui
leur appartient : Et si doresnavant les Capitaines
desdits Vaisseaux de Cours ayant esté avertis des
Capitulations & Traité, qui a esté fait, demeurent dans la desobeïssance ; au temps de quelque
Bacha que ce soit, que leurs actes d'hostilité
soient commises, Nous voulons, lors que ce
Bacha sera hors de charge, & aura quitté son

Gouvernement, que l'on ait recours contre luy, pour les choses qui auront esté pillées. Et si ces gens ayant esté plusieurs fois avertis, ne se mettent point en devoir de satisfaire, & d'agir conformement à nostre Noble commandement, Nous consentons, que lors, qu'ils iront en France, l'Empereur ordonne, qu'ils ne soient receus, ny dans ses Ports, ny sous ses Forteresses, sans que cela qui ne sera fait, que pour empécher leur violence, puisse donner aucune atteinte au Traité Imperial que nous avons fait ensemble, lequel au contraire demeurera en son entier, de la mesme maniere que ceux qui ont esté faits au temps de nos Ayeuls, trouvant fort à propos, que l'on nous fasse les plaintes necessaires sur ce sujet.

XIII.

ET comme nos Ayeuls, d'Illustre memoire, ont permis aux François la pesche du Corail & du Poisson aux lieux qui dependent d'Alger & de Tunis, & particulierement au Golfe de Stora Courcouri, & ont fait expedier leurs ordres pour cela, Nous leur permettons aussi la mesme pesche de Corail & de Poisson, ainsi qu'ils ont de coustume, & personne ne pourra les en empécher.

XIV.

LES Interpretes & Truchemens qui seront employez au service des Ambassadeurs, seront exempts de payer aucun Carache, & Impofts, fur les chairs, ny autres fubfides ordinaires.

XV.

LES Marchands François payeront aux Ambaffadeurs & Confuls de France pour les marchandifes qu'ils auront chargées dans leurs Navires, tous les droits, qu'ils ont de couftume de leur payer, fans qu'ils puiffent à l'avenir refufer de le faire, non plus que ceux de nos Vaffaux, qui avec leurs Navires negociant en Païs Ennemy, y porteront des marchandifes.

XVI.

S'IL arrive quelque meurtre ou aucun autre fâcheux accident entre les François, les Ambaffadeurs & Confuls de leur Nation, en ordonneront felon leurs Loix & Couftumes, fans que nos Officiers ou Miniftres puiffent les inquieter là-deffus.

XVII.

SI les Confuls François qui font eftablis pour prendre foin de l'eftat des Negotians ont quelque demélé ou procez on ne pourra les emprifonner, ni pofer le Sceau en leurs maifons; mais ceux qui auront procez contre lefdits Confuls, fe pourvoiront pour cette affaire à noftre heureufe Porte, où ils feront écoutez: Et fi l'on produifoit quelque ordre de Nous contre cet Arti-

E

cle qui fuſt anterieur ou poſterieur à ce Traité
il ne ſera point executé, & l'on agira conformement à la preſente Capitulation Imperiale.

XVIII.

ET parce que la Famille de l'Empereur de
France, entre celle de tous les Princes de la Nation du Meſſie, & des plus grands Roys Chreſtiens, eſt la plus Illuſtre & la plus Ancienne,
outre qu'elle eſt actuellement la plus Puiſſante,
& que depuis le temps de nos Ayeuls d'heureuſe
memoire juſques à preſent, les Empereurs de
France entre tous les Roys n'ont donné aucune
atteinte aux promeſſes, à la Foy, aux accords,
& aux Traitez ; mais ont conſervé plus de ſince-
rité & de conſtance en leur amitié pour noſtre
Porte, qui eſt le ſoûtien de l'Equité ; Nous voulons, que leurs Ambaſſadeurs reſident à noſtre
heureuſe Porte, lors qu'ils iront à noſtre Grand
Divan avec nos Grands Viſiers , & autres nos
Honnorables Conſeillers d'Eſtat , ayent la pref-
ceance ſur l'Ambaſſadeur d'Eſpagne, & ſur tous
ceux des autres Roys, ainſi qu'ils ont toûjours
euë.

XIX.

ILS ſeront exempts de payer aucun impoſts
& droits de Doüane, pour les choſes qu'ils ache-
teront, & qui leur ſeront neceſſaires, tant pour
leurs preſens , que pour leurs habillemens,

vituailles & boiſſons, & perſonne n'en exigera
d'eux.

X X.

LES Conſuls François qui ſeront dans nos
Ports & Havres auront la preſceance en toutes
occaſions ſur ceux d'Eſpagne , & ſur ceux des
autres Roys , de la meſme maniere qu'ils ont
accoûtumé.

X X I.

EN quelque temps que ce ſoit que les Vaiſſeaux & Navires des François allant ou venant
en paix avec leur bien & marchandiſes , aux
Eſchelles & Havres ou autres lieux de noſtre
Empire , ſoient ſurpris d'une tempeſte , ſi par
adventure ils en reçoivent quelque detriment,
Nous voulons que nos Vaiſſeaux & Navires qui
ſe rencontreront actuellement és lieux où le
malheur arriveroit , ſoit qu'ils Nous appartien-
nent, ou qu'ils ſoient à d'autres , donnent auſ-
dits François tout le ſecours qu'ils pourront :
Commandant aux Capitaines & Lieutenans deſ-
dits Vaiſſeaux de ne manquer pas de les traitter
avec honneur , & de prendre un ſoin exact, qu'ils
puiſſent avoir pour leur argent, tout ce qui leur
ſera neceſſaire.

X X I I.

SI par la violence de la tempeſte la Mer
faiſoit eſchoüer quelque Navire François , Nous
ordonnons aux Beïs ou Gouverneurs , aux Cadis

ou Iuges , & autres noz Officiers des Lieux où
cela arriveroit , de leur donner tout secours,
& ensuite de leur rendre toutes les marchandises & dantées qui seront recouvertes sans leur
faire aucun tort.

XXIII.

NOVS voulons que les François, pourveu
qu'ils soient toûjours dans les termes du devoir,
aillent & viennent en toute seureté dans tous
les lieux de nostre Empire, soit par terre soit par
Mer, & que toute sorte de Marchands, Interpretes, & autres François, quels qu'ils soient,
venant par Mer ou par Terre, puissent y vendre,
achepter, & trafiquer, de quelle maniere ils
voudront, apres avoir payé les droits ordinaires
de nos Ports, & ceux qui sont attribuez aux
Consuls ; Et Nous défendons à tous nos Capitaines, soit ceux de Mer, qui commandent
dans nos Vaisseaux particuliers, soit dans ceux
des Reis ou autres, soit ceux qui commandent
nos Troupes, de leur donner aucun empéchement dans les voyages qu'ils auront à faire.

XIV.

L'ON ne pourra forcer les Marchands François de vendre ou d'achepter aucune autre marchandise que celle qu'ils voudront & qui leur
plairra.

XXV.

SI quelqu'un des François se trouve redevable, s'il n'y a point de caution pour la debte, le demandeur ne pourra en rendre responsable aucun autre des François, ny l'exiger d'eux.

XXVI.

SI un François meurt dans les Païs de nostre obeïssance, Nous ordonnons, s'il a fait son testament, que l'on mette tous ces effets entre les mains de celuy au profit duquel il les aura leguez, & qu'on ne luy fasse aucun tort ; & s'il mouroit sans avoir fait de testament , Nous voulons, que les Consuls prennent connoissance desdits effets, afin qu'ils soient envoyez & consignez à la femme ou autres heritiers du deffunt, sans que nos Officiers & Receveurs du Fisc & droit d'Aubeines , leur puisse faire aucune peine là-dessus.

XXVII.

EN ce qui concerne les affaires de vente, d'achapt, de trafic, de cautionnement, & autres, qui se traiteront dans tous les Païs de nostre Empire , les Marchands, Interpretes & Consuls François se presenteront devant le Iuge , feront enregistrer leur affaire, ou en prendront un acte , afin que si dans la suite il arrive quelque different touchant ladite affaire on puisse avoir re-cours audit acte, & agir conformement à ce qu'il contiendra : Que si le demandeur n'est pourvû d'aucune de ces deux choses, & que sans faire

F

paroiftre d'acte de juftice , enregiftrement ou
fignature, mais produifant feulement des faux
témoins, ce qui eft contre la Iuftice , il pourfui-
ve quelqu'un par procez, l'on fe donnera bien
de garde d'adherer à telle fauffeté , & on le de-
boutera des demandes qu'il feroit dans le dit
procés , puifqu'il feroit entrepris contre toute
forte d'Equité.

XXVIII.

SI quelque Muffulman accufe un François
d'avoir blafphemé contre la Religion Mahome-
tane , laquelle accufation pourroit bien n'eftre
formée que pour le rançonner & piller, Nous
ordonnons que l'on empéche qu'il ne foit fait
audit François aucun mauvais traitement contre
l'ordre de la Iuftice.

XXIX.

SI un François ayant contracté des debtes ,
ou eftant coupable de quelqu'autre cas, s'abfen-
toit du lieu de fa refidence , Nous défendons
que l'on rende refponfable aucun autre des
François qui en feroit innocent , à moins, qu'il
ne foit la caution du fugitif.

XXX.

SI dans nos Eftats il fe rencontre quelque
François Efclave, qui foit reclamé par les Ambaffadeurs ou Confuls François il fera envoyé à noftre heureufe Porte avec fon Patron, ou autre

perfonne de fa part, afin qu'il en foit ordonné
ce que de raifon.

XXXI.

L'on n'exigera aucun Karache des François
qui refideront dans nos Eftats.

XXXII.

SI à la place des Confuls eftablis dans nos
Efchelles d'Alexandrie, de Tripoly de Syrie,
d'Alger, & autres, l'on commet quelqu'un,
pour faire la fonction de leur charge, lors qu'ils
y fera envoyé l'on n'empêchera point de la faire,
& nous voulons qu'il foit exempt des Impofi-
tions ordinaires.

XXXIII.

SI quelque perfonne tombe en querelle avec
un Marchand François, & que cette perfonne
fe pourvoye devant le Iuge, fi les Interpretes
François ne fe trouvent point prefens, Nous défendons au Iuge d'écouter le détail du procez ;
& fi lefdits Interpretes font occupez à quelqu'autre affaire de confequence, Nous voulons que
l'inftance intentée contre le fufdit Marchand
foit differée jufques à ce qu'ils foient venus : Si
toutesfois le Marchand continuoit malicieufe-
ment de fe fervir du pretexte de l'abfence des Interpretes, on l'obligera fans tarder davantage à
faire comparoiftre lefdits Interpretes.

XXXIV.

S'IL arrive quelque debat ou querelle entre's
des François , ce feront les Ambaffadeurs ou les
Confuls qui en decideront felon leurs Couftumes,
& Nous défendons à qui que ce foit de nos Officiers de les en empécher.

XXXV.

LORS que les Vaiffeaux François à la maniere accouftumée auront efté vifitez à Conftan-
tinople, eftans fortis de ce Port , ils le feront
encore une fois devant les Dardanelles fuivant
l'ancienne couftume,& enfuite on les congediera;
Et quoy que maintenant contre cette ancienne
couftume on les vifite à Gallipoly, Nous voulons
qu'apres avoir efté vifitez devant lefdits Cha-
fteaux des Dardanelles , ils ne le foient plus,
& qu'ils continuent leur voyage fans interruption
ainfi qu'ils faifoient autrefois.

XXXVI.

QVAND nos Vaiffeaux & Galeres, & mefme nos Armées Navales, rencontreront des Vaiffeaux François à la Mer, les Commandans ne fe
feront aucun tort les uns aux autres ; mais au
contraire, s'entretenans enfemble, fe témoigne-
ront reciproquement toute forte d'amitié, fans
que perfonne faffe des prefens, fi ce n'eft de fa
bonne volonté, & par confequent aucun d'eux
ne fera ce tort aux autres, que de prendre de

force ny hardes, ny Inftrumens, ny jeunes gens, ny autre chofe de leur equipage.

XXXVII.

TOVT ce qui eft compris dans les Capitulations Imperiales que Nous avons accordées aux Venitiens, aura lieu pour les François; & Nous deffendons à nos Officiers d'entreprendre aucune chofe qui ne foit conforme à ce prefent Traité & à la Iuftice, ny de faire naiftre aucune contention ou embarras qui en empéche l'execution.

XXXVIII.

NOVS ordonnons que les Galions & Vaiffeaux François qui viendront dans les Ports, Havres & autres Lieux de nos Eftats y foient bien receus, & y demeurent en toute feureté, & qu'ils puiffent s'en retourner avec la mefme feureté & liberté. Et fi on leur avoit pris & pillé quelque chofe de leurs marchandifes & autres effets, Nous voulons que l'on ufe de toute forte de diligence pour recouvrer lefdites marchandifes, biens ou gens qu'on leur auroit pris, & que ceux qui s'en trouveront coupables foient punis avec toute la rigueur des Loix.

XXXIX.

NOVS Commandons à nos Vice-Roys, Admiraux & Gouverneurs nos Efclaves, à nos Iuges Daciers, Capitaines de Mer, & generalement à tous les Sujets de noftre Empire d'executer avec toute forte d'equité & d'exactitude tous

G

ce qui eſt contenu en ce Traité Imperial, ſans que perſonne y faſſe la moindre oppoſition.

X L.

ET Nous voulons, s'il ſe trouve quelqu'un, qui reſiſte, ou s'opiniaſtre contre ce preſent commandement, qu'on le traite comme un Criminel & un Rebelle, & que ſans remiſſion & ſur le Champ on le chaſtie pour le faire ſervir d'exemple aux autres.

X L I.

ENFIN Noſtre volonté eſt, que, non ſeulement les Capitulations, qui ont eſté accordées durant le Regne de noſtre Biſayeul Sultan Soliman, à qui Dieu faſſe miſericorde; mais encore, tout ce qui a eſté arreſté & reglé du depuis dans les Regnes de nos autres Ayeuls de glorieuſe memoire, aye ſon effet, & qu'il ne ſoit pas commis la moindre choſe au contraire.

X L I I.

COMME les Eſtrangers Sujets des Princes ennemis de noſtre heureuſe Porte, qui n'y ont point d'Ambaſſadeurs particulier, alloient & venoient cy-devant ſous la Banniere de France, par tout noſtre Empire, ſoit pour faire marchandiſe, ſoit pour viſiter les Saints Lieux, ſuivant la permiſſion qu'ils en avoient euë, & qui eſt inſerée dans le Traité avec les François dés le temps des Regnes de nos Ayeuls d'heureuſe memoire; quoy que du depuis pour certaines raiſons l'on

aye dérogé à cet Article, qui concerne les voyages de ces Estrangers dans nos Estats, neantmoins
l'Empereur de France par la Lettre qu'il a cy-
devant envoyée à nostre Porte (qui est le soû-
tien du bonheur) Nous ayant témoigné souhai-
ter supposé l'empéchement que l'on donnoit aux
Marchands de Païs ennemy qu'on ne les inquiete
point, & que ceux qui feront la visite de Ierusalem & autres Saints Lieux, y puissent aller & venir
comme l'on faisoit autrefois sans qu'on leur fasse
de peine, & que doresnavant la permission
estant donnée aux susdits Estrangers d'aller & venir par nos Estats, pour y negocier, ils y viennent derechef, retournent & negocient sous la
Banniere de France, en consideration de cette
ancienne amitié du susdit Empereur de France
avec Nous, qui a esté establie & qui a duré de
Pere en Fils depuis le temps de nos Illustres
Ayeuls jusques à present, Nous luy avons accordé ce qu'il a demandé, & voicy les termes du
commandement Imperial que Nous en avons
fait expedier.

XLIII.

LES Gens des Pays ennemis de nostre Porte
qui auront dessein de visiter Ierusalem, pourvû
qu'ils soient amis de l'Empereur de France, &
qu'ils demeurent dans les termes de leur devoir,
pourront doresnavant, ainsi que l'on faisoit au-

trefois, aller & revenir en toute feureté, & comme ils le defireront à cette vifite ; & Nous défendons à quelque perfonne que ce foit de leur faire aucune peine, lors qu'ils y viendront ou qu'ils s'en retourneront.

XLIV.

POVR ce qui concerne les Marchands des fufdites Nations, l'Empereur de France requerant, que Nous leur accordions la permiffion pour l'avenir de trafiquer dans nos Eftats, & d'y aller & venir felon l'ancienne couftume ; qui eftoit, que les Marchands de ces Nations allaffent & vinffent fous la Banniere de France fans fouffrir, qu'ils fe ferviffent d'aucune autre ; Nous renouvelons prefentement cette permiffion, & Nous l'accordons de la mefme maniere, qu'eft celle, laquelle eft inferée dans les Amples, Sinceres & Publiques Capitulations, qui font entre les mains des François depuis le temps de nos Illuftres Ayeuls jufques à prefent.

ARTICLES
Nouvellement accordez.

ARTICLE PREMIER.

ET ensuite, conformement à nostre haut commandement, écrit dans nos Lettres Impériales, pour que cet Article soit ajoûté aux autres, Nous permettons que tous les Evesques dependans de la France, & les Religieux Francs, de quelque Nation qu'ils soient, pourvû qu'ils restent dans leur devoir, demeurent en possession des Lieux de leur establissement, & y puissent faire les fonctions de leur Rit & Religion, sans que personne leur donne aucun empéchement.

II.

NOVS voulons que les Lieux Saints, tant dedans que dehors Ierusalem, y compris l'Eglise nommée Coumameh, qui est le Saint Sepulchre, ayant esté tenus de tout temps par les Religieux Francs qui y sont encore à present, demeurent en leur possession, aussi bien que les autres Lieux de visite & de pelerinage, qui sont ainsi qu'ils ont esté autrefois entre leurs mains ; & Nous

H

défendons à quelque perfonne que ce foit, de
leur y faire aucune peine, ny mefme exiger d'eux
aucune impofition ; & fi fur cela il naiffoit quelque different, qui ne peuft fe terminer fur les
Lieux, il fera renvoyé à noftre heureufe Porte.

III.

NOVS défendons de molefter les François,
& ceux qui dependent d'eux, de quelque Nation qu'ils foient, lors qu'ils iront en Ierufalem,
ou qu'ils en reviendront.

IV.

LES deux Ordres de Religieux François qui
font prefentement à Galata, à fçavoir les Iefuites
& les Capucins, demeureront dans leur ancienne
poffeffion, & entiere joüiffance des deux Eglifes
qui font en cette Ville, & qui eftoient cy-devant
entre leurs mains. Et parce que l'une de ces Eglifes a efté bruflée, l'on donnera la permiffion judiciaire neceffaire, afin qu'elle foit rebaftie, &
remife entre les mains des Capucins ; & Nous défendons qu'on leur donne aucun empéchement
là-deffus.

V.

PAREILLEMENT l'on n'inquietera
point la Nation Françoife touchant la poffeffion
des Eglifes qu'elle a à Smirne, à Saide en Alexan-

drie, & autres Ports de nos Estats ; & l'on n'exigera des François aucun argent sous-prétexte de
la possession de ces Eglises.

NOVS défendons aussi à toutes personnes,
de faire aucune peine aux Hospitaux de Galata,
lors que l'on y lira l'Evangile de la maniere qu'elle doit estre leuë.

VII.

POVR ce qui concerne le droit de cinq
pour cent, quoy que les Marchands François
les ayent payez de tout temps jusques à present,
pour les marchandises qu'ils apportoient dans nos
Estats, ou qu'ils en emportoient ; neantmoins
parce qu'ils sont les anciens amis de nostre haut
Empire, & qu'ils Nous ont prié de leur accorder
la faveur, qu'ils ne payent que trois pour cent,
& que l'on ajoûte cela aux Capitulations Imperiales qu'ils ont entre leurs mains, Nous leur
avons accordé leur demande, & Nous défendons
lors qu'ils les auront payez que l'on exige d'eux
aucune chose davantage.

VIII.

L'ARGENT que l'on payera pour les
droits de Doüane sera pris en monnoye courante
pour la mesme valeur qu'on le prendra à nôstre
Thresor Imperial, sans qu'on puisse le pretendre
à plus ou à moins, & l'on n'en fera aucune
difficulté.

I X.

LES Portugais, les Siciliens, les Catalans, les gens de Messine, & d'Ancone, & autres de Païs ennemy, qui n'ont à nostre heureuse Porte ny Ambassadeurs, ny Consuls, ny Agens, & qui de leur bon gré comme ils faisoient anciennement viendront dans nos Estats sous la Banniere de France, pourveu qu'ils ne fassent rien que ce qu'ils doivent, & que leurs actions soient conformes à la bonne correspondance, & à la paix, ils ne payeront la Doüane que de la maniere que les François la doivent payer, & on ne leur fera aucune peine là-dessus.

X.

Ils payeront aux Receveurs qui sont à Constantinople & à Galata la Messederie, sur le pied que la payent les Marchands Anglois, sans qu'on puisse les forcer à donner davantage.

X I.

SI les Doüaniers pour augmenter le revenu de leurs Doüanes, estiment les marchandises plus qu'elles ne vaudront, ils seront obligez sans en faire difficulté, de prendre desdites marchandises au lieu d'argent sur le pied de leur estime.

XII.

QVAND l'on aura payé une fois la Doüane pour la soye & les estoffes Indiennes, nommées Schit, les Doüaniers ne pourront plus redemander de droits pour ces sortes de marchandises.

XIII.

LORSQVE les Receveurs de la Doüane auront pris leurs droits , ils en donneront leur Tezkeret ou quittance ; & si les Marchands veulent transporter leurs marchandises en une autre Eschelle personne ne les en pourra empescher, & Nous défendons à qui que ce soit de les forcer à payer encore la Doüane pour les mesmes marchandises aux Ports où ils iront.

XIV.

LES Consuls François & ceux qui sont dans leur dependance, comme les Religieux, les Marchands & les Interpretes , pourront faire du vin dans leurs maisons pour leur usage particulier , & mesme en aporter de dehors autant qu'ils en auront besoin ; & quand ils le feront personne ne les pourra inquieter pour cela.

XV.

LES procez qui seront intentez pour raison de plus de quatre mille aspres (qui sont environ quarante écus,) ne pourront estre poursuivis en autre Iurisdiction qu'en nostre Divan Imperial.

XVI.

SI dans les quartiers où logeront les François il arrive quelque meurtre, pourveu qu'il n'y ait aucune preuve judiciaire contre eux, ceux qui se trouveront dans lesdits quartiers ne pourront

I

eſtre moleſté, ny forcez de payer le Gerimeh,
ou amande ordonnée pour tel crime.

XVII.

LES Interpretes qui ſervent les Ambaſſadeurs joüiront de tous les Privileges que l'on a
accordé aux François.

XVIII.

ET ENFIN, pourveu que l'Empereur de
France ſuivant ce Traité ſoit ſincere & conſtant
envers noſtre heureuſe Porte, je correſpondray
toûjours à ſon amitié ; & je jure par la verité du
Grand Dieu qui de rien a creé le Ciel & la Terre,
& par les Ames de mes Ayeuls de glorieuſe memoire, que je ne contreviendray en rien du
monde à l'accord & bonne correſpondance qui
y ſont marquez ; que je n'entreray dans aucune
liaiſon ou engagement contraire, & que ces Imperiales & heureuſes Capitulations ſeront execu-
tées de point en point, ſelon les Nobles Termes
qu'elles contiennent.

*Eſcrit vers le dix-ſeptiéme Avril mil ſix cens
ſoixante-treize.*

A Noſtre Ville d'Andrinople la bien gardée.

LE ſouſſigné Secretaire de Monſeigneur le
Marquis de Nointel Ambaſſadeur pour Sa
Majeſté Tres-Chreſtienne aupres du Grand

Seigneur : Certifie à tous ceux qu'il appartiendra
que la preſente copie de la traduction des Capitulations a eſté tirée mot à mot de l'original,
traduit par ordre du Roy par le Sieur De Lacroix
Secretaire Interprete de Sa Majeſté, lequel me
l'a remiſe entre les mains par le commandement
de Monſeigneur de Pompone Miniſtre & Secretaire d'Eſtat : Et afin que perſonne ne puiſſe
douter de cette verité j'ay appoſé les Armes de
mondit Seigneur l'Ambaſſadeur à ce preſent cer-
tificat, & l'ay ſigné. Fait à Marſeille ce vingt-
quatriéme May mil ſix cens ſoixante-quatorze.
DE LACROIX Secretaire de Monſeigneur
l'Ambaſſadeur de France auprés du G. S.

www.ingramcontent.com/pod-product-compliance
Lightning Source LLC
Chambersburg PA
CBHW060507210326
41520CB00015B/4136